名作マンガ100でわかる！ここがスゴイよ！ニッポンの文化大図鑑

全5巻内容

1 芸をみがく・演じる
巻頭インタビュー　野村萬斎さん

歌舞伎（ぴんとこな）/ **能**（夢幻花伝）/ **狂言**（しなやかに傷ついて）/ **和太鼓**（和太鼓†ガールズ）/ **三味線**（ましろのおと）/ **和楽器**（なでしこドレミソラ）/ **雅楽**（王の庭）/ **人形浄瑠璃**（火色の文楽）/ **芸妓・舞妓**（紅匂ふ）/ **獅子舞**（ししまいガール）/ **宝塚**（すみれの花咲くガールズ）/ **アイドル**（Cue）

2 競う・きたえる
巻頭インタビュー　井上康生さん

相撲（ああ播磨灘）/ **柔道**（帯をギュッとね！）/ **剣道**（しっぷうどとう）/ **空手**（ハンザスカイ）/ **弓道**（ひらひらひゅ〜ん）/ **少林寺拳法**（オッス！少林寺）/ **なぎなた**（あさひなぐ）/ **侍・武士**（バガボンド）/ **忍者**（闇月夜行）/ **将棋**（ナイトぼっち）/ **囲碁**（天地明察）/ **競技かるた**（ちはやふる）

3 学ぶ・たしなむ
巻頭インタビュー　紫舟さん

茶道（ケッコーなお手前です。）/ **書道**（とめはねっ！鈴里高校書道部）/ **華道**（ギャル華道）/ **和服**（きものがたり）/ **和歌**（超訳百人一首　うた恋い。）/ **源氏物語**（あさきゆめみし）/ **俳句**（あかぼし俳句帖）/ **和算**（和算に恋した少女）/ **日本神話**（ヤマトタケル）/ **神社**（神主さんの日常）/ **仏師**（恋する仏像）/ **寺院**（住職系女子）

名作マンガ100でわかる！

ここがスゴイよ！ニッポンの文化大図鑑

1巻 芸をみがく・演じる

ニッポンの文化大図鑑編集委員会・編

日本図書センター

この本の見方

この本では、マンガの登場人物を取り上げ、ストーリーとともに
その人物が取り組む日本文化を紹介します。
各文化の基本知識や、ルーツ・歴史をイラストや写真を使って説明しています。
世界のほかの文化との比較など、よりくわしい情報のページもあるので、
日本文化の魅力を好きなところから楽しくつかんでみましょう。

作品紹介
マンガの作品名と内容を紹介しています。

なんでもデータ
テーマに関する「？」と思うような数字を紹介しています。

どんな文化？
その文化の基本情報をわかりやすく説明しています。

必須アイテム
その文化に必要不可欠なアイテムなどを紹介しています。

ルーツ・歴史ほか
その文化の歴史や由来を示す写真・図版などを紹介しています。

世界から見てみよう
世界の文化と共通する点やちがう点などを紹介しています。

ココが名場面
マンガのストーリーのなかで、その文化のおもしろさがわかるページを紹介しています。

もっと知りたい！
その文化が、現代の私たちのくらしに、どのように根づいているか説明しています。

日本の地域コラム
その文化に特別にかかわっている地域を紹介しています。

世界の地域コラム
その文化が広がっていった国や地域を紹介しています。

関連マンガコラム
その文化に関連するマンガの紹介です。

ニッポン文化で輝く！達人からのメッセージ

- 狂言師 **野村萬斎**さん ……………………………… 04

- 🏮 **歌舞伎**（『ぴんとこな』） ………………………… 06
- 🏮 **能**（『夢幻花伝』） ……………………………… 10
- 🏮 **狂言**（『しなやかに傷ついて』） ………………… 14
- 🏮 **和太鼓**（『和太鼓†ガールズ』） ………………… 16
- 🏮 **三味線**（『ましろのおと』） ……………………… 20
- 🏮 **和楽器**（『なでしこドレミソラ』） ……………… 24
- 🏮 **雅楽**（『王の庭』） ……………………………… 28
- 🏮 **人形浄瑠璃**（『火色の文楽』） …………………… 30
- 🏮 **芸妓・舞妓**（『紅匂ふ』） ………………………… 32
- 🏮 **獅子舞**（『ししまいガール』） …………………… 36
- 🏮 **宝塚**（『すみれの花咲くガールズ』） …………… 38
- 🏮 **アイドル**（『Cue』） ……………………………… 42

- 総さくいん ………………………………………… 46

関連マンガコラム

- 🏮 一門が伝統芸を守る（『國崎出雲の事情』） ……………… 09
- 🏮 素顔も面（『能面女子の花子さん』） ……………………… 13
- 🏮 伝統の弦楽器、箏（『この音とまれ！』） ………………… 19
- 🏮 三味線の音の合わせ方（『なずなのねいろ』） …………… 23
- 🏮 和楽器でロック（『ごにんばやし』） ……………………… 27
- 🏮 京都だけじゃない！ 花街（『GEI-SYA －お座敷で逢えたら－』）… 35
- 🏮 音楽学校でスターをめざす（『淡島百景』） ……………… 41
- 🏮 男性アイドルグループ（『少年ハリウッド－HOLLY TRIP FOR YOU－』）… 45

ニッポン文化で輝く！

達人からのメッセージ

狂言師

野村萬斎さん

撮影／政川慎治

狂言の主役は「どこにでもいる人」！

海外で公演することもある、狂言師・野村さん。現代劇のテレビや映画でも活やく中です。狂言にしかない魅力や、見て楽しむコツをお聞きしました。

Q 子どものころのお稽古はどんなものでしたか？

A 狂言の稽古はとても厳しく、決められた「型」にはめこまれます。そのとおりにできるまで、何度でもくり返してやらなくてはならず、子どものころはつらかったことを覚えています。私の場合、師匠は実の父親ですから、言われたとおりにできないと何度もしかられて、子どものときには父はとてもこわい存在でした。

ただ、舞台の後のごほうびとして、ウルトラマンの怪獣のおもちゃをもらえたのは、うれしかったです。

Q 初めて狂言を見るときは、どんなふうに楽しむといいですか？

A 狂言は「笑い」のお芝居です。だから、おもしろいと思ったところは素直に笑うことが一番です。

また、日本語のもっているリズムや音楽性も楽しんでもらいたいです。

狂言では強調したい言葉は大きく・たっぷりと言いますが、そうでないところはサラッとしゃべります。一つのセリフのなかで、大きく言うところ・高い声で言うところ・ゆっくり言うところなど、声の出し方や大きさなどを変えて、日本語を

豊かに表現します。そういう、美しく・楽しい日本語も感じてもらいたいですね。

海外での公演活動で、あらためて日本の狂言が素晴らしいと感じたところはありますか？

A 狂言の演目は200番以上ありますが、その半分以上が「この辺りの者でござる」というセリフから始まります。

これは、「この辺りに住んでいる人」、つまり「どこにでもいる人」が主役のお話です、という意味です。これが狂言の大きな特徴の一つであり、素晴らしい点です。

東京でもニューヨークでも、世界中のどこで演じても「この辺りの者」になれるので、時代や場所をこえて共感を得ることができます。

また、三間※四方の小さな舞台とわずかな道具だけの余白の多い劇ですので、見る人の想像力に任せて、大きな世界をえがき出すことができます。

※一間は約2ｍ。三間は約6ｍ。

最近、日本文化を題材にしたマンガが多くなっていますが、どのように思われますか？

A マンガは絵になっているので、視覚的にとてもわかりやすいと思います。言葉だけで説明されてもわからないことも、絵や図で見るとすぐにわかりますから。

もちろんマンガを読むだけで満足しないで、興味をもったら、今度は題材となった文化を実際に見て・触れて・体験して、本物を感じてほしいと思います。

> **狂言をもっと知りたいというこの本の読者へ、メッセージをお願いします。**
>
> 人間は、笑うと元気になります。狂言の笑いは、誰かをバカにしたり、おとしめたりして笑うものではなく、日常にある小さな失敗やトンチンカンなことを笑い飛ばして、「また明日も元気に生きていこう」という活力になります。
>
> 狂言を見て・笑って、狂言に登場する人たちのようにたくましく成長してほしいと思います。

プロフィール
狂言師　野村萬斎

1966年東京都生まれ。3歳で初舞台。東京芸術大学音楽学部卒業。「狂言ござる乃座」主宰。世田谷パブリックシアター芸術監督。
国内外で多数の狂言・能公演に参加する一方、現代劇や映画・TVドラマの主演、古典の技法を駆使した舞台の演出、ＮＨＫ『にほんごであそぼ』への出演など幅広く活やく。

あざやかな衣装でポーズを決める

歌舞伎
Kabuki

『ぴんとこな』

嶋木あこ／作
小学館
Cheese！フラワーコミックス
全16巻
©嶋木あこ／小学館

歌舞伎の名家に生まれた恭之助は大の稽古ぎらい。しかし、一弥というライバルを得て、たがいに競い合いながら実力をつけていく。

1巻より ©嶋木あこ／小学館

ココが名場面

名門の家に生まれながら、稽古ぎらいの恭之助と、歌舞伎とは無縁の家に生まれ、実力で成り上がろうとする一弥。恭之助は一弥へのライバル心から、初めて本気で歌舞伎に取り組みます。
正反対の二人が共演したのは、「棒しばり」という演目です。しばられた二人がお囃子に合わせて踊り、息を合わせて難しいシーンを演じます。

3巻より ©嶋木あこ／小学館

歌舞伎なんでもデータ

これ、なんの数字？　**1時間**

「京鹿子娘道成寺」という演目で一人の役者が踊り続ける時間。歌舞伎舞踊の代表といわれる、とても豪華な舞です。

ニッポン文化再発見！ 歌舞伎ってなに？

歌・踊り・演技を見せる古典劇

　歌舞伎は、「歌（音楽）」「舞（踊り）」「伎（演技）」が一つになった、江戸時代に生まれた古典芸能です。和楽器（→24ページ）の生演奏や長唄などとともに、役柄に合わせた衣装を身につけた役者が踊ったり、芝居をしたりします。

　役者はすべて男性と、江戸時代に決められました。女性の役も男性が演じます。女性を演じる役者や役を「女方（女形）」といいます。

　歌舞伎の舞台にはさまざまなしかけがあり、場面が変わる効果を演出しています。また、独特の衣装や化粧、役者によるセリフの言い回しにも特徴があります。ほかにも、「見得」とよばれる決めポーズなど見どころがたくさんあり、昔も今も人気の音楽劇です。

「かぶき踊り」が歌舞伎の始まり

　歌舞伎は、常識外れを意味する「かぶく」という言葉がもとになっています。

　歌舞伎の始まりは、1603（慶長8）年、出雲の阿国という女性がかぶき者の男性のかっこうをまねて踊った「かぶき踊り」で、当時大流行しました。その後、女性ばかりで演じる「女歌舞伎」や成人前の若者が演じる「若衆歌舞伎」が人気になると、風紀をみだすという理由で幕府によって禁止されてしまいました。

　やがて男性だけで演じる「野郎歌舞伎」が生まれ、その後、民衆の娯楽として広がり、江戸と上方（関西方面）で、それぞれに発展しました。一門によって芸が受け継がれて、現在まで演じられています。

必須アイテム

隈取
歌舞伎独特の化粧法。赤や黒のすじは顔の血管や筋肉を表し、役によって色が決まっている。紅色系は英雄、あい色系は悪役や亡霊など、茶色系は鬼や妖怪などの役に使われる。役者自ら化粧をする。

衣装・かつら
役柄や、身分、年れい、職業などによるちがいをわかりやすく表している。

舞台
回転したり、せり上がったり、花道があるなど、さまざまなしかけがある（くわしくは8ページ）。

花道 役者が観客席のすぐ近くまで行ける。

歌舞伎のルーツと歴史

▲「阿国歌舞伎図屛風」
出雲の阿国が舞台でかぶき踊りをしている様子のびょうぶ絵。うしろには、笛や太鼓を演奏する人々がえがかれている。
京都国立博物館所蔵

▲人気役者は浮世絵にかかれ、絵はアイドル写真のように売られていた。
メトロポリタンミュージアム蔵

もっと知りたい！歌舞伎 Kabuki

歌舞伎の舞台は、大胆なしかけや工夫がされています。観客の目をおどろかせたり、話をスムーズに展開させたりするために、さまざまな装置も考え出されました。

おどろきの舞台演出

江戸時代初期の歌舞伎の舞台は、能（→10ページ）の舞台をまねてつくられたものでした。江戸時代中期になると、歌舞伎の舞台もしだいに完成し、観客をおどろかせるような舞台のしかけもつくられるようになりました。

場面を変えるためのしかけには、「回り舞台」や「せり」があります。回り舞台は、舞台の真ん中が回転するしかけです。幕を下ろさずに大道具ごと動かせるため、場面をスムーズに変えることができます。せりは、役者や大道具がのった床の一部が上下するダイナミックな動きで、観客の目をひきます。

舞台から客席に向かってのびる「花道」では、観客は役者を間近に見ることができます。花道を通るときの演技は、大きな見せ場となっています。

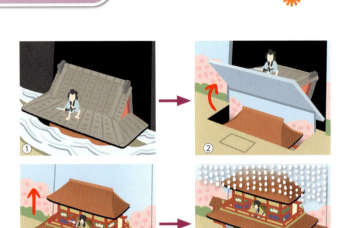

▲「楼門五三桐」の舞台。①役者をのせた建物が②うしろにたおれる（がんどう返し）。③「大ぜり」にのって建物が上がる。④ほかの登場人物たちが手前の「小ぜり」で上がる。

歌舞伎ならではのいろいろな表現

歌舞伎には、多くの独特な演技や演出があります。それらはどれも、見る人をおどろかせ、楽しませるためのものです。

見得
登場人物の感情が高まったシーンなどで、役者が動きを止めて決めのポーズをとること。

引抜
役者が重ねて着ていた衣装を、舞台の上で一瞬にしてかえて見せる演出。

六方
役者が花道を通って退場するときに、手を東西南北天地の6つの方向に振りながら前に進む歩き方。

香川県琴平町
旧金毘羅大芝居

江戸時代中期に建てられ、現存する日本最古の芝居小屋が、旧金毘羅大芝居です。平成の大改修によって、大きな地震にもたえられるように修復され、毎年「四国こんぴら歌舞伎大芝居」が開催されるようになりました。「金丸座」ともよばれ、国の重要文化財の指定を受けています。

写真：琴平町観光協会

世界から見てみよう

歌舞伎と同じように、歌や踊り、演劇の要素をふくむ音楽劇は、世界中で楽しまれています。イタリアを中心に広まったオペラやアメリカで誕生したミュージカル、中国の古典劇の京劇などです。

オペラ（ヨーロッパ）

イタリア貴族の間で生まれ、ヨーロッパ各地に広まった。オーケストラの演奏に合わせて、役のセリフを歌で表現する音楽劇。

ミュージカル（アメリカ）

オペラの影響を受けてアメリカで誕生した演劇。物語を楽しめるように、歌やダンス、セリフで構成されている。

京劇（中国）

中国の伝統楽器の演奏に合わせて、独特のセリフ回しや踊りで構成された古典劇。派手な化粧やきらびやかな衣装が特徴。

ニューヨークで人気の歌舞伎！

江戸時代にあった「中村座」を2000年に復活させた「平成中村座」は、ニューヨークだけで4回の公演を行っています（2017年現在）。世界のさまざまなエンターテインメントが集まるニューヨークで、歌舞伎の人気は高く、評価されています。また、ドイツやルーマニアでも公演しています。

4～7歳で初舞台

▲小学生の一弥は、恭之助の舞台を見て、自分と同じ年れいの子が大人の世界にいることにおどろく。（2巻より）
©嶋木あこ／小学館

役者が初めて立つ舞台を「初舞台」といいます。歌舞伎役者は物心がつくころから稽古を重ね、4～7歳くらいになると、歌舞伎役者としての名前をもらい、初舞台にのぞみます。初舞台のために特別な演目が用意されることもあります。

一門が伝統芸を守る

歌舞伎の芸や演目は、同じ「屋号」という名をもつ一門によって、代々伝えられます。それぞれ得意の芸や演目があるのです。

もっと！歌舞伎マンガ
『國崎出雲の事情』

歌舞伎一家の出身である國崎出雲。男らしい男をめざしているが、顔立ちがきれいなために、歌舞伎では女方として舞台に出ている。

ひらかわあや／作　小学館　少年サンデーコミックス　全19巻
©ひらかわあや／小学館

現存する世界最古の仮面劇

能 Noh

「夢幻花伝」
(『大江山花伝』より)

木原敏江／作
小学館
小学館文庫
全1巻
©木原敏江／小学館

まずしい猿楽芸人の家に生まれた鬼夜叉は舞い歌うことが好き。鬼夜叉はやがて世阿弥として能を完成させていく。

©木原敏江／小学館

ココが名場面

各地の祭りなどで歌舞や芝居を見せる大和猿楽結崎屋一座は、出し物のおもしろさが評判になり、京都で人気を集めていました。
ある日、一座は将軍足利義満から今熊野神社で舞うよう命じられます。義満の前で鬼夜叉（世阿弥）が舞う場面です。この後、結崎屋一座は、将軍義満の保護を受けることになります。

©木原敏江／小学館

能なんでもデータ

これ、なんの数字？　**200曲以上**

能の演目数。多くが室町時代の終わりまでにつくられました。

ニッポン文化再発見！ 能ってなに？

仮面をつけて舞う幻想的な古典劇

能は、「謡」という声楽と「囃子」という楽器演奏に合わせて舞い、物語を演じる仮面劇で、伝承される世界最古の舞台演劇といわれています。狂言（→14ページ）とともに能楽とよばれ、ユネスコ無形文化遺産に登録されています。

演目には、『平家物語』や『伊勢物語』、『源氏物語』など、古くから人気のある古典文学を題材にしたものが多くあります。

散楽から猿楽、そして能へ

能と狂言はどちらも、奈良時代に中国から伝わった「散楽」がもとになっています。散楽は今の大道芸や手品のような見世物で、日本にもとからあった芸能と合わさって、「猿楽」とよばれるようになりました。

猿楽は、村や町の人々を楽しませる芸能でした。各地の寺をよりどころにして、祭りなどで芸を演じたため、猿楽の演目は寺を舞台に、僧が幽霊をしずめるなどして活やくする物語が多くありました。

室町時代になると、猿楽者の観阿弥・世阿弥の親子が現れます。将軍足利義満が彼らの芸のひいきになり、猿楽はより芸術性を高められていきました。猿楽で演じられた僧が活やくする物語に、身分の高い人々の間で人気のあった物語をとり入れて、観阿弥と世阿弥はこれまでとちがった新しい演目を次々とつくり上げました。父・観阿弥の死後、世阿弥は歌舞中心のまじめで芸術性の高い「能」を大成させ、その考えを『風姿花伝』という本に残しました。

必須アイテム

能面
「面」ともよばれる。役者が女性、老人、この世のものではない幽霊や鬼などを演じるときにつける。

装束
身につける装束の組み合わせによって、役柄の性別や身分、年れいを表す。

扇
舞うときに広げる。役柄によって使う扇が決まっている。

舞台
屋根つきの舞台で、中央の本舞台、地謡がすわる地謡座、演奏をする囃子方と演じ手の手助けをする後見がいる後座、本舞台へ続く橋がかりがある（12ページでも紹介）。

江戸時代の能

▲江戸時代にえがかれた能の舞台。
「東海道名所之内　御能拝見之図」（河鍋暁斎）
国立国会図書館蔵

もっと知りたい！能 Noh

能の舞台は、多くの人が息を合わせて演技や演奏をし、つくり上げます。舞台に上がる人たちにはそれぞれに役割があり、主役を演じる人や、主役につきしたがう役の人は、能面をつけて演技をします。

能の舞台をつくり上げる人たち

能には、謡と演技を担当する「シテ方」、「ワキ方」、「狂言方」と、伴奏を担当する「囃子方」があります。シテ方は、シテ、ツレ、地謡、後見の4つの役割からなります。シテは主役を演じ、幽霊や鬼、女性や老人などを演じるときには面をつけます。シテにつきしたがう役を演じるのがツレ、演じ手のセリフ以外をうたうのが地謡、演じ手の装束を直したり道具を渡したりして助けるのが後見です。

ワキ方は、シテの相手役のワキや、ワキにつきしたがうワキヅレの役を演じます。ワキは、生きている人間の役を演じるので、面はつけません。

囃子方は、笛、鼓、太鼓を演奏します。狂言方は狂言の演じ手ですが、能の舞台で物語をわかりやすく説明する、アイという役を演じることがあります。

後座 囃子方と後見がすわる。

本舞台 一辺が京間三間（約6m）の正方形。シテやワキは、本舞台や橋がかりで演じる。

屋根 舞台には屋根がついている。

地謡座 地謡は8人が基本。

▲能を演じる舞台は、どこも同じつくり、大きさになっている。奥の鏡板とよばれる板かべには、縁起がよいとされる松の絵が必ずえがかれている。

たくさんある能面の種類

能面はシテやツレがつけて演じるもので、200種類以上あります。演目に登場する役の性別や年れい、身分などによって使い分けます。

白式尉
もっとも古くからあり、神聖な儀式で使われた面。正月や特別な儀式で上演される「翁」を演じるときのみ使用される。

小面
女性を表す面は、年れいや性格などのちがいにより、さまざまな種類がある。小面はもっとも若い女性の面。

般若
この世に心残りがあり、おそろしい姿になった者の面。にくしみや悲しみを表している。なかでも、般若は女性の怨霊を表す。

岐阜県本巣市
能郷の能・狂言

岐阜県にある白山神社の祭礼で奉納される能と狂言は、地元では猿楽とよばれています。演じる猿楽衆は、能方、狂言方、囃子方など代々受け継がれており、猿楽能のなごりといわれています。室町時代からの面や装束も保存されていて、国の重要無形民俗文化財に指定されています。

写真：公益社団法人日本観光振興協会

世界から見てみよう

仮面劇は、世界各地にも見られます。歴史をたどってみると、その多くが、宗教的な儀式や、神話につながります。古くから発展してきた仮面劇は、世界の伝統的な演劇といえます。

コメディア・デラルテ（イタリア）

17世紀にヨーロッパで流行した仮面喜劇。大まかな設定だけで、基本的に台本がなく、その場で演じる即興劇だった。その後の演劇に大きな影響をあたえたといわれている。

タルノリ（韓国）

1000年以上の歴史をもつ民俗芸能。仮面をつけて、一般の人々のくらしを演じる。韓国の重要無形文化財に指定されている。

古代ギリシア劇（ギリシャ）

野外劇場で仮面をつけた3人以下の演者によって行われた。主に、ギリシャ神話に登場する神や英雄が、物語の題材となった。

🌐 英語能が好評

能は、外国では「NOH」とよばれ、近年では英語にほん訳されたり、外国で上演されたりすることも増えてきました。英語能では、面をつけて舞うなどの動作は日本の能と変わらず、すべての地謡が英語でうたわれます。外国の人にわかりやすく能を伝えることができ、好評を得ています。

「田楽」と猿楽

▲田楽と猿楽のちがいや、時代の変化について語る鬼夜叉の父・清次。　©木原敏江／小学館

貴族は米の豊作をいのる「田楽」という舞をひいきにしていました。しかし、政治の中心が貴族から武士にうつると、田楽もおとろえました。そして、将軍に気に入られた猿楽が能として発展していく時代へと進んでいったのです。

素顔も面

能面をつけないで演じることを「直面」とよびます。素顔も面の一つと考え、能面をつけているのと同じように、表情を変えずに演技をします。

もっと！能マンガ

『能面女子の花子さん』

能面をつくる実家の伝統で、ふだんから能面をつけて生活する女子高生・花子。花子のつけている面は小面で、若い女性やかれんな娘を表す。

織田涼／作　講談社　ITANコミックス　1～3巻（既刊）

生活のなかにある「笑い」を表現する
狂言 Kyogen

『しなやかに傷ついて』

北川みゆき／作
小学館
Cheese!フラワーコミックス
全2巻
©北川みゆき／小学館

女子高生の亜依が出会ったのは、狂言師として将来を期待される篝秋。秋は日々稽古にはげみ、大きな舞台へのぞむ。

こんなに魅かれるのは

1巻より ©北川みゆき／小学館

ココが名場面

亜依が、稽古に打ちこんでいる秋の姿を見て、狂言のことをもっと知りたいと思う場面。
狂言では、大がかりな道具はほとんど使うことがありません。しぐさやセリフの言い合いで、登場人物のこっけいさを表現します。細かな動きや、ちょっとした小道具の使い方をしっかりと稽古します。

真剣な表情・
よし 今日はここまでにしよう
有難うございました
狂言の事わかんないあたしだけど
秋くんがこんなに夢中になる世界なら少しずつでも知りたいな

2巻より ©北川みゆき／小学館

狂言なんでもデータ
これ、なんの数字？　約20種類
狂言で使われる面の種類。
鬼、動物、老人、女性の面などがあります。

ニッポン文化再発見！狂言ってなに？

「笑い」をテーマにした古典劇

狂言は、「笑い」をテーマにした対話劇で、能（→10ページ）とともに発展してきました。狂言は主にセリフの言い合いやしぐさで観客の笑いをさそう古典的な喜劇です。食事をしたり、飲み物を飲んだりするときのさまざまな効果音も、演じ手が声に出して表現します。物を食べるときは「アムアムアム」、酒をつぐときは「ドブドブドブ」と、効果音は決まっています。

狂言は能とちがってあまり面をつけません。神や鬼、動物などの役を演じるときは面をつけますが、多くの役を素顔で演じます。狂言の登場人物は一般の人が中心で、装束には主に麻布が使われます。日常にある、こっけいさを表すのが狂言です。

能とともに発展した

能と同じく、奈良時代に中国から伝わった散楽と日本にあった芸能とが合わさった「猿楽」が、狂言のルーツです。

猿楽には、歌舞のほかにコントや芝居の要素がありました。猿楽のこっけいな部分を受け継ぎ、そこに力のある者がやりこめられる風刺をとり入れた短い劇が、室町時代に生まれました。それが、狂言の始まりです。このころから狂言は能と能の間に演じられるようになりました。

即興で演じられることが多かった狂言に、台本のようなものができ、室町時代の終わりから江戸時代にかけて三つの流派が生まれます。江戸時代には幕府に認められ、現在の狂言に近いものになっていきました。

必須アイテム

扇
ほとんど道具を使わない狂言では、扇が筆やのこぎり、さかずきなどさまざまなものを表すのに使われる。

かづら桶
もともと道具入れに使っていたうるし塗の桶。腰かけにしたり、酒だる、砂糖つぼなどを表したりするのに用いる。

装束
狂言の衣装は、役の身分や年れい、性別などによってちがい、装束を見ればどんな立場の役かわかる。絵は主人につかえる太郎冠者。

▶狂言面

狂言面は、少し大げさで豊かな表情をしている。

写真：面打師 叶忠鷹

 小豆武悪　 子猿

狂言の演目

▲和泉流『梟山伏』
山伏（写真中央）がおいのりをして、兄弟にとりついたフクロウをはらおうとする話。　写真：公益財団法人 能楽協会

伝統芸能と祭りに欠かせない打楽器

和太鼓
Wadaiko

2巻より　©すたひろ／双葉社

『和太鼓＋ガールズ』

すたひろ／作
双葉社
アクションコミックス
全2巻
©すたひろ／双葉社

ミッション系女子高校1年生の環は、先輩のマリアが打つ太鼓の音を聞いて心を動かされ、しだいに和太鼓の魅力にはまっていく。

ココが名場面

環は和太鼓部に入り、マリアとともに部員を集めます。
　4人に増えた和太鼓部は、発表会に向けて練習を始めますが、なかなかうまくいきません。それでも、練習を重ね、発表会前日、ついに4人はみんなの息が合ったと感じる演奏ができました。音でつながるおもしろさをえがいた名場面です。

2巻より　©すたひろ／双葉社

和太鼓なんでもデータ

これ、なんの数字？　**4拍子**　和太鼓の基本リズム。
手を右、右、左、右と使い、「ドドンガドン」と打ちます。

ニッポン文化再発見！ 和太鼓ってなに？

3種類ある伝統的な打楽器

　和太鼓は、日本の伝統的な打楽器で、大きく「長胴太鼓」「桶胴太鼓」「しめ太鼓」の3種類に分けられます。長胴太鼓は、皮のまわりをびょうでとめた形で、祭りや盆踊りでよく目にする太鼓です。桶胴太鼓は、皮を張った鉄の輪を胴体になる桶にはめこんだ太鼓で、古くから東北地方の祭りなどで演奏されました。しめ太鼓は、打面のふちにひもを通してしめた平たい太鼓で、能（→10ページ）や歌舞伎（→6ページ）の囃子などに使われます。つけしめ太鼓という、ふちにつけたロープやボルトで音の高低を調節できるものもあります。

　太鼓の打面をたたくと、皮の振動で音が生まれます。音は、空洞になっている胴に伝わり、反響しながら大きくなります。そして、反対側の皮の面に伝わって外へ出ると、ドーンドーンとよくひびく大きな音になるのです。

芸能や祭りで広く使われるように

　日本の太鼓のルーツは、太鼓を持ったはにわが発掘された古墳時代までたどることができます。長胴太鼓のような形の太鼓は、飛鳥時代には、時刻を伝えるために打たれる道具でした。

　奈良時代には、中国からしめ太鼓のもととなる太鼓が伝わり、室町時代に、能などで使われました。江戸時代には歌舞伎などの囃子にしめ太鼓が使われるようになりました。

　長胴太鼓が、楽器として芸能にとり入れられたのも江戸時代のことです。歌舞伎の効果音や祭りなどで使われ、全国に広まりました。

必須アイテム

ばち
太さや長さ、ヒノキやカシなどの材質のちがうさまざまなばちがあり、太鼓の種類によって使い分ける。

太鼓
打面には、牛の背中の皮が使われる。胴は、ケヤキを使うともっともよい音が出るといわれている。

台
太鼓をのせる台。太鼓の大きさや種類によって使い分けるほか、地域によっても高さなどにちがいがある。

和太鼓の歴史

◀はにわ　太鼓をたたく男子
太鼓をひもで肩にかけて、右手にばちを持ち、太鼓をたたく様子がわかる。
東京国立博物館蔵
Image：TNM Image Archives

▼触れ太鼓
江戸時代、相撲の興行の前日、よび出しが宣伝のために太鼓を鳴らして練り歩く姿が「職人尽絵詞」にえがかれている。

国立国会図書館蔵

もっと知りたい！和太鼓 Wadaiko

和太鼓は、能や狂言、歌舞伎や祭りなど日本の伝統芸能に欠かせない楽器です。古くから演奏され、その伝統が受け継がれてきました。現在は、パフォーマンスの一つとしても人気を集めています。

伝統芸能のなかで育まれた和太鼓

室町時代の昔から、能や狂言の囃子では、しめ太鼓や小鼓、大鼓が使われてきました。小鼓や大鼓は、ばちを使わず手で打ちますが、太鼓の仲間です。鼓に似た形の「かっこ」は雅楽（→28ページ）で使われる、ばちを使って打つ太鼓です。和太鼓は、古くから能や狂言、雅楽といった伝統芸能と、深くかかわってきました。

また、地域の伝統芸能や儀式も、和太鼓を代々伝えてきました。和太鼓は日本の各地に根づいて、祭りなどに欠かせないものとなっています。

現在、各地の祭り太鼓を組み合わせて集団で演奏する和太鼓グループが世界中で活やくしています。和太鼓は、伝統を受け継いだパフォーマンスとして世界の注目を集めています。

▲太鼓を演奏する自衛隊和太鼓チーム。自衛隊音楽まつりに陸・海・空自衛隊の和太鼓チームが集結してたたく。何種類かの太鼓を組み合わせて演奏する「組太鼓」を、200人以上で披露する。

写真：陸上自衛隊

いろいろな和太鼓がそろう組太鼓

組太鼓は、大きさや形のちがうさまざまな和太鼓を組み合わせて、集団で演奏します。変化する音や重なる音の迫力が魅力です。

桶胴太鼓　長胴太鼓よりも軽量で、音も軽快。

大太鼓　長胴太鼓や桶胴太鼓のなかで、打面が大きなもの。重低音でひびく。

長胴太鼓　もっとも一般的な太鼓。はずむようにひびく。

つけしめ太鼓　音の調節ができる。高く強い音。

平胴太鼓　長胴太鼓の胴の短いもの。浅い音。

秋田県北秋田市
世界一の大太鼓

約750年前に雨ごいのために始まったといわれている「綴子大太鼓祭」。太鼓は天然の秋田杉を使った桶胴太鼓です。天の神様に、雨を降らせてほしいという願いが届くように、大きな音を出す大太鼓がつくられました。

一番大きな太鼓は、直径が3.8m、重さは3.5ｔもあります。

写真：綴子神社

世界から見てみよう

太鼓の歴史は古く、今から約4500年も前から、情報の伝達や宗教的な儀式などで使われていました。世界各地で、その土地に根づいた個性的な太鼓がたくさん生まれ、現代でも、世界中に多くの種類の太鼓があります。

バスドラム(ヨーロッパ)

トルコ軍の音楽隊が使っていた太鼓をまねて、ヨーロッパ全土に広がった。足でペダルをふむと、ペダルに装着されたビーター（打面をたたく棒）がドラムに当たって音が鳴る。大きな太鼓なので、低い音が出る。

コンガ(キューバ)

中南米の音楽に用いられるキューバの民俗楽器で、主に手でたたいて演奏する。

トーキングドラム(アフリカ)

ひものしめ具合で音程を変えることができ、わきに抱えてばちでたたく。踊りの伴奏楽器であり、また情報を伝えるためにも使われた。西アフリカから広まった。

🌏 アメリカで人気の和太鼓

和太鼓はアメリカで広く親しまれています。もとは、1960年代に日系人が御諏訪太鼓など、伝統的な和太鼓をたたいたのが始まりで、演奏するグループが各地に生まれました。

日本人の創作太鼓の公演が人気を集めたことも影響し、今では300以上のグループが和太鼓演奏の活動をしています。

1台の太鼓で演奏する「ぶち合わせ太鼓」

▲一つの太鼓を3人で演奏する「ぶち合わせ太鼓」について教わる部員たち。（1巻より）　©すたひろ／双葉社

三浦半島の漁師たちが、大漁を願って競い合って太鼓を打ったのがぶち合わせ太鼓の始まりです。一つの太鼓を3人で打ち、対戦相手と競うことから「けんか太鼓」とよばれますが、3人が息を合わせることで、美しく力強い演奏が生まれます。

伝統の弦楽器、箏

太鼓と同様、伝統的な和楽器の一つに箏があります。弦楽器で、つめをつけて弾きます。箏を中心に演奏する音楽を箏曲といいます。

こっちは！箏マンガ

『この音とまれ！』

高校1年生の愛は、亡くなった箏職人の祖父が立ち上げた箏曲部に入る。先輩の武蔵たちと仲間を集め、箏の全国大会をめざす。

アミュー／作　集英社　ジャンプＳＱ　1～15巻（既刊）

3本の弦から多彩な音を出す
三味線 Shamisen

『ましろのおと』

羅川真里茂／作
講談社
講談社コミックプラス
1〜19巻(既刊)
©羅川真里茂／講談社

祖父の音をめざし、青森で津軽三味線を弾いていた雪。祖父の死をきっかけに上京して、自分にしか出せない三味線の音を探し始める。

4巻より ©羅川真里茂／講談社

ココが名場面

三味線の大会で自分より若い演奏者に負けて、自分にはもう伸びしろがないと弱音をはく若菜。弟の雪は、二人で三味線を弾こうと、兄をさそいます。
「じょんがら」は「津軽じょんがら節」、「あいや」は「津軽あいや節」のことです。どちらも津軽三味線の代表曲ですが、二人が弾くことにしたのは、幼いころ二人でつくった曲でした。

2巻より ©羅川真里茂／講談社

三味線なんでもデータ

これ、なんの数字？　3つ

三味線を分解できる一般的な数。
持ち運びに便利なように、3つに分解できるしくみになっています。

ニッポン文化再発見！ 三味線ってなに？

3本の弦で音を奏でる弦楽器

三味線は、弦が3本の日本の弦楽器です。四角い胴と、胴から伸びた細長いさおでできています。イチョウの葉のような形をしたばちで、弦をはじいたり、胴をたたくようにしたりして音を出します。胴の中は空洞で、四角いわくに動物の皮を張って音をひびかせています。

三味線は、さおの太さ、胴の大きさや重さ、ばちの大きさや素材のちがいなどで音が変わるため、演目によってたくさんの種類が生まれました。大きく分けると、太ざお、中ざお、細ざおの3種類があり、太ざおは津軽三味線などの力強い音が特徴で、細ざおは明るくはなやかな音色がします。その中間の音色を出すのが中ざおです。

中国の三弦から、日本で発展

三味線の起源は、中国の三弦という楽器とされています。三弦が室町時代に琉球（現在の沖縄県）に伝わり、三線や蛇皮線とよばれる楽器が誕生しました。その後16世紀後半に琉球から上方（関西方面）に伝えられ改良されたのが三味線です。

三弦や三線は、胴にへびの皮を張り、長いさおに3本の弦を張ったもので、指や、指につけた「義甲」とよばれるつめで弾きます。

三味線を弾くときにばちを使うのは、琵琶という、ばちを使って弾く弦楽器の影響といわれます。

ほかにも、胴に張る皮を変えるなどの改良をくわえ、三味線ができました。

必須アイテム

三味線　主にさおの太さで種類が分けられる。3本の弦が張られている。

糸巻き　糸の張りを調節して、音の高さを整える。

ばち　三味線の弦をはじいてたたく演奏道具。カメのこうらやゾウのきば、プラスチックなどでつくられる。

胴　花林や紅木などかたい材質の木でできている。

天神　三味線上部。音がよくひびく形につくられている。

さお　三味線の本体ともいえる部分。「上ざお」「中ざお」「下ざお」に分解できる。

三味線のルーツと歴史

◀三弦と三線
中国の三弦と比べると、沖縄の三線はさおが短い。

◀琉球人座楽并躍之図
琉球王国時代の人が、すわって三線を弾いている様子が、絵巻にえがかれて残っている。
沖縄県立博物館・美術館蔵

もっと知りたい！三味線 Shamisen

三味線は、主に歌舞伎（→6ページ）や人形浄瑠璃（→30ページ）、民謡などで使われます。三味線を使う音楽を「三味線音楽」といい、音楽の種類によって弾き方が異なります。

それぞれに発達した三味線音楽の世界

三味線音楽は、上方で発達した地歌や江戸の長唄を伴奏するために発展してきました。やがて歌舞伎の長唄、人形浄瑠璃では義太夫節の伴奏に使われ、さらに歌舞伎と人形浄瑠璃の演劇や舞踊の伴奏としても発達しました。さらに日本各地で民謡などの伴奏にも用いられてきたため、三味線音楽には多くの種類ができたのです。音楽によって使い分けたため、三味線の種類も増えました。

さおが太い太ざおは、津軽地方（青森県）の民謡を演奏する津軽三味線が代表的です。人形浄瑠璃の義太夫節も太ざおで伴奏します。中ざおは、ほかの和楽器との合奏や地歌の演奏をするときに使われます。歌舞伎の長唄や流行歌から生まれた端唄や小唄、民謡などに使われるのは、細ざお三味線です。

家元 弟子をとり、奏者を育てる。

▲津軽三味線の演奏。「津軽じょんがら節」や「津軽あいや節」などが有名。「六段」という楽曲は、津軽三味線の練習曲としてよく使われる。

写真：青森県津軽半島観光アテンダント

三味線の弾き方とばちさばき

三味線を弾くときは、正座をして左手にさおを持ち、胴をひざにのせて、右手に持ったばちや左手の指で弦をはじいて音を出します。

すくいばち
ばちの先で弦を下からすくい上げる。よく使われる弾き方で、上から弦をはじく、基本の弾き方と組み合わせて使う。

すり
さおを持つ左手の指で弦を上から下に向かってこすって音を出す。一本の弦で音に変化をもたせる。

はじき
さおを持つ左手の人差し指で出したい音のポイント（勘所という）をおさえ、そのまま薬指か中指で弦をはじく。

滋賀県長浜市
和楽器糸生産で日本一

滋賀県長浜市は、三味線や箏、三線など日本を代表する弦楽器の弦（糸）の生産がさかんです。楽器糸の生産は、平安時代に始まったといわれ、今でもほとんどが手作業です。知事指定の県の伝統工芸品となっています。三味線の黄色い糸は植物のウコンの粉を使って染められています。

写真：丸三ハシモト株式会社

世界から見てみよう

三味線のように、胴とさおがある弦楽器は、リュート属とよばれ、世界中に数多くあります。演奏する曲や弾き方に合わせて、弦の本数やはじく道具がちがいます。

ギター（ヨーロッパなど）

中世のヨーロッパで演奏されたリュートが前身。今では世界中で使われている弦楽器。指、またはピックとよばれる弦をはじく道具で演奏する。弦は6本が基本。

ウクレレ（アメリカ）

ギターを小型にした4弦楽器で、ハワイで改良され誕生した。指で弦をはじく。ハワイの音楽にはなくてはならない楽器。

胡弓（日本）

江戸時代ごろに誕生した和楽器。三味線を小さくした本体を立てて持ち、弓で弦をこすって演奏する。

三味線の魅力を世界へ

和楽器は、世界各国から注目されています。なかでも津軽三味線は、日本人のアーティストが海外で演奏するなど、人気の楽器です。欧米のほか、アフリカ、アジア各地と世界中に広まっています。三味線をポップスやロックのリズムで演奏するグループもあり、新たな音楽をうんでいます。

見て覚える、聞いて覚える

▲祖父が弟子をとらなかった理由を、兄の若菜から聞く雪。（4巻より） ©羅川真里茂／講談社

三味線には文化譜という楽譜がありますが、文化譜ができたのは大正時代で、三味線の歴史から考えれば最近のことです。それまでは口で三味線の音をまねる口三味線で音を覚え、師匠の弾き方を見て、ばちや指の動かし方を覚えました。

三味線の音の合わせ方

ギターは、フレットという部分をおさえて音程を合わせますが、三味線にはフレットがありません。指の感覚で、音程を合わせられるように練習します。

もっと！三味線マンガ

『なずなのねいろ』

ギター少年の湧介が電車で出会ったのは、津軽三味線を持った少女・撫菜。二人は学校で三味線部をつくろうと力を注ぐ。

ナヲコ／作　徳間書店　リュウコミックス　全3巻

©ナヲコ／徳間書店

音色が美しい日本の伝統楽器
和楽器 Wagakki

『なでしこドレミソラ』
みやびあきの／作
芳文社
まんがタイムKRコミックス
1〜2巻（既刊）
©みやびあきの／芳文社

尺八奏者の陽夜にさそわれ、三味線を始めた高校1年生の美弥。箏奏者の香乃と恵真をくわえて、4人組和楽器ガールズバンドを組む。

2巻より ©みやびあきの／芳文社

2巻より ©みやびあきの／芳文社

ココが名場面

4人が初めて、合奏を先輩たちに聞いてもらう場面です。
直前の合宿で、尺八を担当する陽夜は、先輩和楽器ユニットのリーダーに「音が孤独だ」と指摘されます。陽夜たちは、みんなの音を聞いて、呼吸を合わせることが合奏だと気づきます。それぞれが音で支え合おうと努力するから、よい演奏ができるのです。

和楽器なんでもデータ
これ、なんの数字？ 約54.5cm
一般的な尺八の長さ。この長さを、日本の昔からの単位で表すと、一尺八寸です。

ニッポン文化再発見！ 和楽器ってなに？

自然の素材からつくる楽器

　和楽器とは明治時代より以前から日本で使われていた楽器のことです。和太鼓（→16ページ）や三味線（→20ページ）のほか、箏や琵琶、尺八、篠笛なども和楽器です。

　和楽器の多くは、自然の素材でつくられています。たとえば、尺八や篠笛は竹を素材にしていて、箏の胴といわれる部分には桐の木が使われています。江戸時代からほとんど形や構造を変えていないのも和楽器の特徴です。

　室内で演奏する和楽器は西洋楽器と比べると音量が小さくなっています。これは、音の大きさよりも音色の美しさを求めたためだといわれます。室外で使われる、和太鼓や横笛などは大きな音が出ます。

中国から伝わり日本で改良された

　縄文時代の遺跡から、土笛や鈴などが発見され、また、6世紀中ごろの古墳からは、琴を演奏するはにわが出土しています。

　和楽器の多くは、奈良時代以降に中国から伝わりました。現在の「箏」は、中国の「箏」を改良したものといわれています。それ以前より、日本には弦が6本の「和琴」とよばれる楽器があり、雅楽（→28ページ）で使われています。

　平安時代には、中国から伝わった楽器が取り入れられ、貴族たちによって演奏されました。室町時代には、琵琶が武士たちの間で好まれます。江戸時代になると、三味線や尺八、篠笛が登場し、さまざまな人々に和楽器が親しまれるようになっていきました。

必須アイテム

尺八
竹でできた縦笛で、表に4つ、裏に一つ指でおさえる穴がある。上のはしがななめに切ってあり、そこからふいて音を出す。

箏
弦の数は13本で、弦の下にある「柱」とよばれる支えで音の高さを調節する。指につめをつけて、弦をはじいて演奏する。

鼓
鼓には大鼓と小鼓があり、小鼓は右肩にのせて右手で打つ。大鼓は小鼓よりやや大きく、左ひざにのせて右手で打つ。

和楽器のルーツと歴史

▶琴を演奏するはにわ。古墳から和楽器を演奏する様子のはにわが多く出土している。
横須賀市自然・人文博物館蔵

▼古代ペルシアに起源のある五弦琵琶。奈良時代に建てられた正倉院に、保管されている。
正倉院正倉蔵

もっと知りたい！ 和楽器 Wagakki

和楽器は、日本の伝統芸能とともに改良されながら、現代まで伝えられてきました。さまざまな舞に合わせる音楽や、祭り囃子など、現在でも多くの場面で和楽器が演奏されています。

日本の伝統芸能と和楽器

和楽器は、日本の伝統芸能のなかで、大きな役割を担ってきました。能では、舞とともに、小鼓や大鼓が演奏されます。琵琶法師が語る『平家物語』は、琵琶のひびきが物語を盛り上げます。歌舞伎（→6ページ）や人形浄瑠璃（→30ページ）では、三味線などの音に合わせて演じます。日本の伝統芸能の多くは、和楽器とともに伝えられてきたのです。

身近なところにも、和楽器は受け継がれています。祭りのときのお囃子で聞こえる、ピーヒャララという高い音の楽器は、篠笛です。地域によっては、お囃子に、鉦や弦楽器などが使われます。また、盆踊りのときには、やぐらの上で大きな和太鼓を演奏することもあります。私たちは和楽器の音を、生活のなかで自然に耳にしているのです。

▲祭りの囃子方。祭りや歌舞伎、能などで音楽を担当する人たちのことを「囃子方」という。篠笛や太鼓などの演奏で、祭りや舞を盛り上げる。

写真：日枝神社

くらしのなかの和楽器

歌舞伎で効果的な音を出したり、祭り囃子でにぎやかな音楽を奏でたりする小道具のような和楽器はほかにもあります。

銅鑼
銅などの金属でできた円ばん形の楽器。布を張ったばちで打ち鳴らす。歌舞伎の効果音として鳴らしたり、船が港を出るときに鳴らしたりする。

あたり鉦
歌舞伎や祭り囃子などで用いられる、お皿の形をした金属製の楽器。チャンチキ、すり鉦などともよばれる。

拍子木
長方形に切った2本の木を打ち合わせて音を出す。歌舞伎などで使われるほか、夜回りで鳴らすことがある。

広島県福山市
福山琴

広島県福山市は、日本一の箏の生産地で、全国の生産量のおよそ7割をしめています。最高級の桐を使った美しい木目やかざりが特徴です。

歴史は古く、初代福山藩主が箏づくりをすすめたことでさかんになったといわれています。お正月の定番箏曲「春の海」は、福山市鞆の浦が舞台です。

写真：福山市

世界から見てみよう

世界には、和楽器とよく似た楽器がいろいろあります。そのなかには、ヨーロッパで現在の形になったものが多くあります。テンプルブロックは木魚に、シンバルはチャッパに、バイオリンは胡弓によく似ています。

テンプルブロック

仏教でお経を読むときに使う木魚を楽器にしたもの。音の高さのちがう2〜5個の木魚をスタンドに取りつけて、ばちでたたいて演奏する。

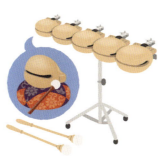

シンバル

金属製の円ばん2枚を打ち合わせて音を出す打楽器。お囃子などで演奏されるチャッパは、シンバルを小さくしたような形をしている。トルコが起源とされる。

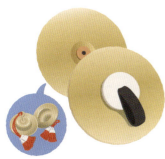

バイオリン

弓を動かして弦とこすり合わせることで音を奏でる弦楽器。胡弓（23ページで紹介）も、弓と弦をこすり合わせて音を出す。

🌐 ジャズ界で人気の尺八

尺八は、竹筒に5つの指穴を開けたシンプルなつくりですが、ふき方でさまざまな音の変化が出せます。1967（昭和42）年、日本人の尺八奏者の「ニューポート・ジャズ・フェスティバル」での演奏がきっかけで知られるようになり、ジャズの本場ニューヨークでは現在も根強い人気があります。

日本独特の「ヨナ抜き音階」

▲尺八を6年もふいてきて、譜面起こしができない陽夜におこる恵真。（2巻より）　©みやびあきの／芳文社

日本では昔、「ドレミファソラシ」を「ヒフミヨイムナ」とよんでいました。「ヨナ抜き音階」とは、「ヨ」と「ナ」を抜いた「ヒフミイム」、つまり「ドレミソラ」の5音階をさします。この音階は日本固有のもので、和楽器の演奏によく使われます。

和楽器でロック

ギターやドラムではなく、三味線や和太鼓、箏などの和楽器を使って演奏するロックバンドが、若い人を中心に注目されています。

もっと！和楽器マンガ

『ごにんばやし』

目立ちたがり屋の女子高生・亜子は、友達といっしょに、箏、三味線、ドラムなど、和楽器にくわえ洋楽器も選んでバンドを結成する。

水瀬るるう／作　芳文社　まんがタイムコミックス　1巻（既刊）

日本古来の歌舞と大陸の歌舞との合流

雅 楽
Gagaku

『王の庭』

かまたきみこ／作
朝日新聞出版
Nemuki＋コミックス
全2巻
©かまたきみこ／朝日新聞出版

平安時代の雅楽の天才少年・蘇芳は、不思議な世界「王の庭」と現世を行き来する。「王の庭」で、現代に生きる少年・陵と出会う。

上巻より ©かまたきみこ／朝日新聞出版

ココが名場面

「王の庭」と現世を行き来する蘇芳は、現世では兄弟子の檀と納曽利を舞っていたのに、王の庭では一人で舞っていることに気づきます。
　納曽利は、2ひきの龍を表現する二人の舞人が、左右等しく動きを合わせて舞う姿が、とても美しい演目です。何か不安なものを感じながらも、蘇芳は舞い続けるのでした。

上巻より ©かまたきみこ／朝日新聞出版

雅楽なんでもデータ

これ、なんの数字？　**3種類**

雅楽で使われる楽器の分類。
吹物、弾物、打物の3種類に分けられます。

ニッポン文化再発見！ 雅楽ってなに？

🪭 1000年以上前から伝わる宮廷音楽

雅楽とは、昔から日本で受け継がれてきた宮廷音楽のことです。1000年以上も前から演じられてきて、国の重要無形文化財の一つになっています。現在も、皇室内や、寺や神社の儀式で演じられています。

雅楽は、特有の楽器が使われる「管絃」という楽器演奏だけでなく、舞や歌も重要な要素になっています。舞には「舞楽」と「国風歌舞」の2種類があります。舞楽は中国や朝鮮半島から伝わった音楽と舞が起源です。国風歌舞は、日本古来の舞です。歌は「歌物」といい、日本の各地方に伝わる伝統的な歌（民謡）や、中国の詩（漢詩）に節をつけて歌います。これらをすべてまとめて雅楽といいます。

🪭 平安時代に発展した雅楽

飛鳥時代から平安時代の初めごろまでに日本に伝わってきた、中国や朝鮮半島の音楽や舞と、日本古来の音楽や舞が合わさり、日本独自に発展してきたものが、現代につながる雅楽です。平安時代には宮中行事などでとり入れられ、貴族が楽器を演奏する「管絃」も生まれます。

雅楽の芸は、「楽家」とよばれる家で代々受け継がれました。そのため、書物や楽譜も残され、戦乱の時代にもとだえることなく、現代まで伝えられてきたのです。

なかでも管絃は、1000年以上も昔の演奏のかたちを伝えてきたことになります。世界にもあまり例がなく、「世界最古のオーケストラ」とよばれています。

必須アイテム（舞楽の場合）

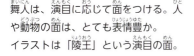

かぶり物
舞人（舞楽を舞う人）が頭にかぶる甲や冠など。それぞれ演目に合わせて何種類もある。

面
舞人は、演目に応じて面をつける。人や動物の面は、とても表情豊か。イラストは「陵王」という演目の面。

装束
舞人だけでなく、歌う人も演奏する人も装束を身につける。舞人の装束は特に色あざやかなものが多い。

雅楽特有の楽器

笙（しょう）
長さのちがう17本の竹管をならべた笛で、高さのちがう音を一度に鳴らすことができる。

ひちりき
竹製のたて笛。雅楽の主旋律を演奏する。息づかいやくちびるの位置で、音が微妙に変わる。

舞楽の有名な演目

写真：宮内庁式部職楽部／国立劇場蔵

▲「狛桙（こまぼこ）」
高麗の使節が日本に来たときの様子を舞にした演目。4人の舞人はそれぞれ、さおを持って舞う。

29

語りと三味線で人形を優雅に動かす

人形浄瑠璃
Ningyojoruri

『火色の文楽』

北駒生／作
ノース・スターズ・ピクチャーズ／発行
月刊コミックゼノン
1巻（既刊）
©北駒生／NSP 2017

「バレエの星」とよばれた迫弓矢は、ケガのため、バレエをやめることになる。そんな彼は10年後、文楽の舞台にいた。

十年　ここに来るまで

1巻より　©北駒生／NSP 2017

ココが名場面

弓矢は、友人にさそわれて文楽を見に行きます。慣れない語りに眠りそうになりますが、義太夫のひときわ切ない語りに目をさまします。
　そして、弓矢は、舞台の上のお姫様と願いが重なる自分に気づきます。
「つばさがほしい、羽根がほしい」
　心をゆさぶる義太夫の声に、弓矢は前に進む力をもらうのでした。

つばさがほしい

羽根がほしい

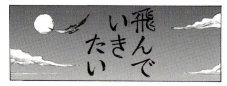
飛んでいきたい

1巻より　©北駒生／NSP 2017

人形浄瑠璃なんでもデータ

これ、なんの数字？　**3人**

1体の人形を動かすための人形遣いの人数。「主遣い」「左遣い」「足遣い」とそれぞれ動かす部位がちがいます。

ニッポン文化再発見！ 人形浄瑠璃ってなに？

さまざまな人たちが人形に息をふきこむ

人形浄瑠璃は、浄瑠璃に合わせて人形をあやつって演じる伝統芸能で、「文楽」ともよばれます。浄瑠璃とは三味線の伴奏に合わせて、語り手の太夫がセリフを交えて物語を話す「語りもの」のことをいいます。1体の人形は、3人がかりであやつります。太夫の情感のこもった語りに合わせて三味線の音色がひびき、人形が優雅に動く姿が、人形浄瑠璃の魅力です。2003（平成15）年にはユネスコの無形文化遺産にも登録されました。

江戸時代に現在の形ができあがる

奈良時代に中国から伝わった「散楽」には、あやつり人形があり、平安時代には人形をあやつる旅芸人もいました。人形芝居と浄瑠璃が結びついて人形浄瑠璃が誕生したのは、江戸時代の初めごろです。

同じころ、大坂（現在の大阪府）で、竹本義太夫の「義太夫節」が人気となります。浄瑠璃の作者である近松門左衛門は、義太夫のために作品を書き、次々と名作をうみ出しました。これが、現在の人形浄瑠璃のもとになっています。この時代は、人形浄瑠璃の人気作品が、歌舞伎の演目になることもありました。人形浄瑠璃と歌舞伎には深いかかわりがあるのです。

その後、一時おとろえた人形浄瑠璃を再び活気づけたのは、植村文楽軒という人の開いた芝居小屋です。芝居小屋は、のちに「文楽座」と名づけられ、いつしか人形浄瑠璃といえば文楽とよばれるようになったのです。

必須アイテム

人形遣い
頭と右手を動かし全体をリードする主遣いと、左遣い、足遣いの3人で呼吸を合わせて人形を動かす。

人形
内部に、「首」とよばれる頭や胴、手足を動かすしかけがある。

手すり
舞台上にある仕切り板。手すりにそって人形を動かすことで、客席からは人形が歩いているように見える。

首のしかけ

◀内側に目やまゆを動かすしかけがある。写真のように、口も動いて美しい女性が一瞬で鬼に変わる首もある。

国立劇場蔵

太夫
セリフや情景を語る人。

三味線
太ざおを使い、太夫の語りに合わせて登場人物の感情や、場面の様子を表す。

床
太夫と三味線は、客席から見て舞台右側の「床」とよばれる場所で演奏する。

伝統芸能を披露し客をもてなす
芸妓・舞妓
Geigi・Maiko

『紅匂ふ』
大和和紀／作
岩崎峰子／原案
講談社
講談社漫画文庫
全3巻
©大和和紀／講談社

置屋「石橋」の跡取りとなるため、舞妓になった咲也。ほかの舞妓や芸妓からのいじわるにも負けず、トップの舞妓になるために努力する。

1巻より ©大和和紀／講談社

ココが名場面

咲也が、舞妓見習いから正式に舞妓になった日「店出し」の場面です。これから3日間、黒留袖を着て、襟足を3本※にします。

「店出し」では、お客さんなどへのあいさつまわりやお礼まわりをし、姉芸妓と杯をかわします。そして一人前の舞妓として、お茶屋といわれるお座敷にデビューします。

※首の後ろの髪の生えぎわにぬる白粉を、3本ぬり残すこと。

1巻より ©大和和紀／講談社

芸妓・舞妓なんでもデータ

これ、なんの数字？　約10cm

舞妓がはく、「おこぼ」とよばれるはき物の高さ。ぎこちない歩み方が、幼さを引き立てるといわれます。

ニッポン文化再発見！ 芸妓・舞妓ってなに？

 歌や舞などで客を楽しませる職業

芸妓とは、歌や踊り、三味線など日本の伝統芸能を披露してうたげを盛り上げることを職業とする女性をいいます。舞妓は、京都の祇園などで芸妓になるために修業している、15歳から20歳くらいまでの少女のことをさします。美しい着物を着て京都弁を話すはなやかな姿から、京都のシンボル的存在となっています。

舞妓になるには、芸妓や舞妓が所属する「置屋」という店に住みこんで、修業をします。この段階を「仕込み」といい、行儀作法や着物の着つけ、舞などを身につけます。1年ほどたつと舞の試験があり、合格すれば見習いの期間をへて、晴れて舞妓としてデビューできます。

舞妓になった後も、さらに三味線やお囃子、客のもてなし方などを学んで、4～5年で一人前の芸妓となります。芸妓になると、舞妓の指導も行うようになります。

 大昔から受け継がれる「おもてなし」

江戸時代、北野天満宮や八坂神社の門前にあった水茶屋では、お参りに来た人にお茶をふるまっていました。水茶屋ではたらく女性たちが、舞や歌も披露するようになったのが、京都の芸妓・舞妓の始まりとされています。

さらにルーツをたどると、平安時代、白い装束を着て舞や歌を披露し、うたげを盛り上げた「白拍子」にさかのぼることができます。白拍子は、さらに古く、日本神話（→3巻34ページ）に登場する巫女が、舞を舞ったことが原点といわれています。

必須アイテム

（舞妓の場合）

半えり
和服の下着にぬいつける替ええり。舞妓は明るい色の半えりをつける。

着物
舞妓や若い芸妓は、すそを引きずる長い着物を着ていて、外を歩くときはすそを上げて持つ。

帯どめ
舞妓が身につける帯どめを「ぽっちり」という。

化粧道具
おしろいではだを白くぬり、目元やくちびるには紅をぬる。

扇子
舞やお座敷遊びにも欠かせない。

花かんざし
1月から12月まで、季節ごとの花をあしらったかんざしをつける。

帯
帯は表と裏が同じ柄で、2枚合わせ。重さもふつうの帯の倍。

はき物
京都の舞妓は、「おこぼ」とよばれる厚底のはき物をはく。

花かご
お座敷かごともいい、舞妓や芸妓が外出するときに持つ、底がかごになったきんちゃく袋。

江戸の芸妓

▶江戸時代の浮世絵にえがかれた「芸妓」。「芸妓図」（鳥鳩斎栄里）板橋区立美術館蔵

もっと知りたい！芸妓・舞妓 Geigi・Maiko

芸妓・舞妓がお座敷で客をもてなすときに披露する芸は、古くから日本に伝わる伝統芸能です。踊りや三味線、唄など、日々稽古して芸をみがいています。

日本の伝統文化を伝える芸妓・舞妓の世界

芸妓・舞妓は、「お茶屋」とよばれる店で、客をもてなすのが仕事です。そのために、厳しいしきたりのもと、着物の着つけ、行儀作法、日本舞踊や三味線、三味線の伴奏で歌う地唄、お囃子、茶道などを身につけます。日本のさまざまな伝統文化・芸能を受け継ぐ職業ともいえるでしょう。

身につけた芸を披露するだけでなく、お座敷の客との会話も大切な仕事の一つです。客の世代は幅広く、さまざまな職業の人がいます。芸妓・舞妓は、もてなしのプロとして、国内だけでなく、海外からの客とも上手にコミュニケーションをとり、もてなす能力がもとめられるのです。

芸妓・舞妓は、仕事を通して、国内外に日本の伝統文化・芸能を発信する役目も担っています。

立ち方〈芸妓〉 舞い手のこと。
地方〈地唄・三味線〉 唄や三味線を受け持つ人。

▲地方の三味線と唄に合わせて舞う、新潟古町芸妓。200年の伝統がある。
写真：公益財団法人 新潟観光コンベンション協会

舞妓と芸妓の身なりのちがい

一人前の芸妓と、修業中の舞妓では髪形や服装などがちがい、見分けることができます。

舞妓

化粧 かわいらしさを印象づける。舞妓になりたての人は、下くちびるだけに紅をつける。

着物 振りそでを着る。えり元には刺しゅうのある明るい色の半えりをつける。

髪形
舞妓は地毛を結い上げる。芸妓になると、かつらを使う。

帯
舞妓は、垂れ下がった「だらりの帯」にする。芸妓は太鼓結びにする。

芸妓

化粧 きりりとした印象になるように眉や目のふちどりをしっかりする。

着物 短いそでの、無地に近いものを着る。えり元は、白の半えり。

はき物 舞妓は厚底のおこぼ（ぽっくり）。芸妓はぞうりやげたをはく。

山形県山形市 やまがた舞子

山形県では、古くからもてなしの文化が栄え、かつては「山形芸妓」が150人以上いましたが、現在は減っています。そこで、伝統の文化・芸能を伝えるために、「やまがた舞子」の制度ができました。舞子たちは会社の社員として稽古をし、お座敷で歌や踊り、三味線などを披露しています。

写真：山形伝統芸能振興株式会社

世界から見てみよう

芸妓は、芸を披露してうたげを盛り上げ、客をもてなすのが仕事です。このような形で客をもてなす例は、海外にはあまりありません。

芸妓たちは、外国の人々の目にどのように見えているのでしょうか。

日本の伝統美にびっくり！

「着物姿が信じられないくらいエレガント！」「伝統が現在も生き続けているんだね」「彼女たちはアーティストだよ」など、伝統的な美しさにおどろく人が多い。

芸妓の世界って、厳しい！

「彼女たちはいつも学んでいる。自由時間がなさそう」「まるで、修行僧のようだ」「努力がつくった美しさ」など、芸の修業の厳しさに感心する声が多く聞かれる。

東京品川のアメリカ人芸者

アメリカ・ミズーリ州から品川にやってきたアメリカ人芸者の君蝶さん。国籍の問題で、芸者として客をもてなすことはできないものの、日本舞踊、三味線、お囃子、茶道など、日夜稽古にはげんでいます。通訳として外国人をもてなし、日本の文化を外国へ伝えるかけ橋となっています。

お座敷には外国人も訪れる

▲咲也は舞妓見習いになり、最初のお客さんが外国人で、あわてふためく。（1巻より）　©大和和紀／講談社

芸妓・舞妓は外国人にも人気があり、京都などでは、歩いている芸妓・舞妓の写真をとる外国人の姿もよく見られます。日本人のなかには、外国から来たゲストを、芸妓・舞妓のいるお茶屋でもてなす人もいます。

京都だけじゃない！花街

芸妓がいる地域を花街といい、京都以外にも全国にあります。芸妓・舞妓は京都のよび名で、芸妓を芸者、舞妓を半玉とよぶ地域もあります。

もっと！芸妓・舞妓マンガ

『GEI-SYA －お座敷で逢えたら－』

友人の結婚式で見た半玉の姿にあこがれた直子。25歳で乗馬クラブの仕事をやめ、東京の花街の世界にとびこむ。

秋里和国／作　小学館　小学館フラワーコミックスα　全4巻

日本でもっとも数の多い民俗芸能

獅子舞
Shishimai

『ししまいガール』

さとう柏花／作
講談社
モーニングKC
全2巻
©さとう柏花／講談社

相田康介は、派遣先の市役所ではたらく大宮景に恋をしていた。急接近した二人だったが、大宮は実は大の獅子舞好きだった。

2巻より ©さとう柏花／講談社

ココが名場面

　獅子舞を見学に来た相田と大宮。二人は、保存会の辻雛子の獅子舞を見て感動します。獅子舞を初めて見る相田は、かっこよさにおどろき、一方の大宮は獅子舞の動きや、それに合わせて演奏される囃子にも注目して、改めてすばらしいと思うのでした。
　獅子方と囃子方の力が合わさってこそ、獅子舞は生き生きと動けるのです。

1巻より ©さとう柏花／講談社

獅子舞なんでもデータ

これ、なんの数字？　**10人**

富山県などに伝わる百足獅子舞の獅子方の数。
百足獅子のなかでも大型のものは、約10人で胴幕を支えます。

ニッポン文化再発見！ 獅子舞ってなに？

1年の無事を願い伝承された民俗芸能

獅子とはライオンのことです。獅子舞は、獅子の頭をかたどったつくり物の「頭」をかぶって舞う、日本でもっとも数が多い民俗芸能といわれています。正月や祭りの日などに舞われ、日本各地で見られます。地域によっては、頭がイノシシや鹿の場合があり、1体の獅子を一人で演じる地域や、二人以上で演じる地域など、さまざまです。オスとメスの獅子がいる地域もあり、性質のちがいを舞で表します。

獅子舞には、悪魔ばらいや疫病退治の意味があり、正月や祭りで、その年の地域の人々の健康や無事をいのって舞われます。獅子に頭をかまれると、1年間健康にくらせるという言い伝えもあります。

伊勢参りの代行として全国に広まる

日本にはいないライオンをかたどった獅子舞のルーツは、古代インドといわれています。力強さの象徴であるライオンのかぶりものをつけた舞が、やがて獅子舞に発展しました。アジア各地へ広まった獅子舞は、中国から日本に伝わったといわれています。

室町時代の終わりごろ、正月に伝染病や凶作などを追いはらうため、伊勢国（現在の三重県）で獅子舞が舞われました。伊勢の獅子舞を舞う芸能集団である「伊勢大神楽」は、全国をまわりながら伊勢神宮の信仰を広めました。

江戸時代に入ると、「お伊勢参り」がブームになりました。伊勢から来た獅子舞が人気をよび、江戸でも獅子舞が舞われるようになりました。

必須アイテム

しゃぐま毛
獅子頭に取りつけている。ヤクという牛の仲間の毛を使うことが多い。

獅子頭
桐やクスノキなどの木でつくられている。うるしぬりで、金箔ばりのものも多い。オスとメスでは表情がちがう。

胴幕
胴の部分を形づくる布。うずまき模様のほか、唐草模様など、地域によってさまざまなものがある。

唐草模様

獅子方
獅子舞をあやつる人。西日本では二人以上であやつる場合が多く、東日本では一人であやつることが多い。

いろいろな獅子舞

▲伊勢大神楽
伊勢から他の土地に出向いて奉納される獅子舞。「代神楽」ともいう。
写真：伊勢大神楽講社 山本勘太夫社中

▲麒麟獅子舞
中国の想像上の動物、麒麟の獅子舞。江戸時代の鳥取藩主が、祭礼の行列に登場させた。

女性だけで演じる、世界でもまれな歌劇団

宝塚
Takarazuka

『すみれの花咲くガールズ』

朱良観／作
小学館
ビッグコミックス
全2巻
©朱良観／小学館

主人公・宇佐美真由は下町の女子高校生。自由気ままな演劇部員だったが、学園祭の後からタカラジェンヌをめざす道を歩み始める。

1巻より ©朱良観／小学館

ココが名場面

宇佐美と演劇部の仲間は、宝塚を熱愛する転入生・梶本の指導を受け、学園祭で宝塚をまねたショーを披露し大成功をおさめました。

長かった髪を切ってまで男役を演じた宇佐美に感激した梶本が、宝塚音楽学校の受験を強くすすめる場面です。

この日から、宝塚音楽学校入学のための猛特訓が始まります。

1巻より ©朱良観／小学館

宝塚なんでもデータ

これ、なんの数字？ **4回**

宝塚音楽学校を受験できる回数。
受験資格は15〜18歳で、年に1回受験できます。

ニッポン文化再発見！宝塚ってなに？

女性だけで構成された歌劇団

宝塚歌劇団は、兵庫県宝塚市にある阪急電鉄が運営する歌劇団です。花、月、雪、星、宙の5つの組があり、各組ごとにミュージカル公演を行っています。劇団員は、5つの組と組に属さない専科を合わせて約400名おり、「タカラジェンヌ」と親しみをこめてよばれます。

演じる劇団員はすべて女性で、男性の役も女性が演じます。男性を演じる人を「男役」、女性を演じる人を「娘役」とよびます。舞台の演出は基本的に、各組の男役、娘役のトップスターを中心に構成されます。

宝塚歌劇団に入るには、宝塚音楽学校を卒業する必要があります。入学資格には年齢制限もあり、受験倍率は20倍以上といわれています。

「清く・正しく・美しく」の伝統

宝塚歌劇団は、阪急電鉄の創立者、小林一三が、宝塚新温泉のショーとして公演を発案したことから始まりました。小林一三がかかげた「清く・正しく・美しく」は、宝塚歌劇団のモットーとして現在まで受け継がれています。

初公演が行われたのは1914（大正3）年です。1921年より公演を2部構成にし、第1部を花組、第2部を月組としました。1924年には宝塚大劇場の完成とともに、雪組を新設。また、東京宝塚劇場開場にそなえ、1933（昭和8）年には星組が新設され、1998（平成10）年には65年ぶりに宙組が新設されました。2014年に100周年をむかえた宝塚歌劇団は、今も変わることなく観客を魅了し続けています。

必須アイテム

大階段
宝塚の象徴といわれ、はなやかなフィナーレをかざる大階段。現在は26段ある。

オーケストラ
伴奏はすべてオーケストラによる生演奏と決められている。100年以上の長い歴史をもつ。

銀橋
宝塚大劇場と東京宝塚劇場にある、オーケストラボックスを囲む細長いステージ。

回り舞台とせり
「盆」ともよばれる回り舞台には、セットが用意されていて、舞台を回すことで場面転換ができる。せりは舞台の床が上下するしかけで、出演者が舞台に登場するときなどに使う。

シャンシャン
フィナーレで大階段を降りるときに出演者たちが持つ。長いリボンがついている。

初期の宝塚

▲宝塚新温泉で行われた少女歌劇の公演。

写真：宝塚市立中央図書館

もっと知りたい！宝塚 Takarazuka

宝塚の公演は、ミュージカルと休憩をはさんでレビューかショー作品の2部構成で行われます。
5つの組の公演は、それぞれの男役、娘役のトップスターを中心にはなやかにくり広げられます。

ひときわ目を引く「レビュー」

レビューとは、もともと、1年間に起こった話題のできごとなどを歌とダンスで表現した舞台のことです。19世紀末から20世紀にかけて欧米で流行しました。

日本で初めてレビューを上演したのが、宝塚歌劇団です。1927（昭和2）年の公演『モン・パリ』は、ラインダンスをとり入れて人気となりました。

宝塚歌劇団のレビューは、ミュージカルとの2部構成で上演されることがほとんどです。豪華なセットの舞台に、劇団員たちがきらびやかな衣装で登場し、歌とダンスで作品を表現します。フィナーレでは、羽根を背負った男役のトップスターが登場し、ひときわ目を引きます。公演のラストをかざるのにふさわしいはなやかさです。

背負い羽根
トップスターの背負い羽根は、10kgほどの重さがある。

▲宝塚歌劇団のレビュー。大階段を使う豪華なセットと羽根かざりの衣装は、宝塚に欠かせない要素となっている。

宝塚歌劇で生まれ変わるストーリー

宝塚では、さまざまな原作をもとに、ミュージカルを上演しています。いくつか見てみましょう。

ベルサイユのばら
原作は池田理代子作のマンガで、1974（昭和49）年に初演。男装の麗人オスカルの愛と運命をえがいた。

源氏物語
紫式部による約千年前の古典文学を舞台化。平安貴族の世界を美しく再現し、新しい光源氏像を誕生させた。

逆転裁判
女性にも人気の法廷アドベンチャーゲームを舞台化。ゲームで使われた音楽もとり入れ、その世界を再現している。

兵庫県宝塚市
駅前モニュメント

阪急電鉄宝塚駅前の広場を「ゆめ広場」とよびます。広場に出ると、宝塚歌劇団のトップスターコンビをかたどったモニュメントがあります。

宝塚大劇場がある周辺は、宝塚ファンからは、「ムラ」とよばれています。大劇場や、小劇場、ミュージアムなどの施設があります。

写真：宝塚市

世界から見てみよう

女性だけで男女を演じ、定期公演などを行っている劇団は、世界でも宝塚歌劇団だけです。
演劇の歴史を見てみると、男性だけで男女の役を演じる演劇が多くあります。そんな男性だけの演劇を見てみましょう。

歌舞伎（日本）

江戸時代、幕府が「女歌舞伎」を禁止した後、男性だけで役を演じる歌舞伎が人気をよび、現在まで続いている。

ルネサンス期の演劇（イギリス）

女性が舞台に立つことを禁じられていた16世紀のイギリスでは、女性の役は若い男性や少年が演じていた。

トロカデロ・デ・モンテカルロバレエ団（アメリカ）

男性だけで構成されるコメディーバレエ団。「白鳥の湖」などを、ユーモラスに演じる。日本でも公演している。

🌐 宝塚ファンが増えている台湾

東日本大震災の義援金に感謝し、交流を深めるために、2013（平成25）年に行われた第1回台湾公演は大成功をおさめました。2015年には第2回公演も行われ、日本での公演が台湾でライブ上映されるなど、台湾の人たちの人気を集めています。年々、海外でも宝塚ファンは増え続けています。

女性が演じる男役が主役

▲梶本が宇佐美たちに宝塚の魅力を力説している。（1巻より）　©朱良観／小学館

女性だけの宝塚歌劇団にあって、舞台の主役は男役です。そのために、宝塚音楽学校で日々、男らしく見せるための厳しい訓練を受けるのです。娘役は女らしさを強調し、男役の女性がより男らしく見えるように引き立てます。

音楽学校でスターをめざす

いつか舞台に立つ日を夢見て、少女たちは音楽学校やレッスンに通います。スターになれるのは、そのなかの一握りの人です。

こっちは！歌劇学校マンガ
『淡島百景』

©志村貴子／太田出版

淡島歌劇学校合宿所には、全国からスターを夢見る少女たちが集まる。きびしい世界に生きる少女たちの「今」や「その後」の物語。

志村貴子／作　太田出版　2巻（既刊）

テレビなどで活やくする人気者

アイドル
Idol

『Cue』

花見沢Q太郎／作
小学館
サンデーGXコミックス
全4巻
©花見沢Q太郎／小学館

やる気のない芸能マネージャーの平拓は、問題児ばかりの新人アイドルグループ「COPPE」を任される。メンバーたちは、武道館をめざす。

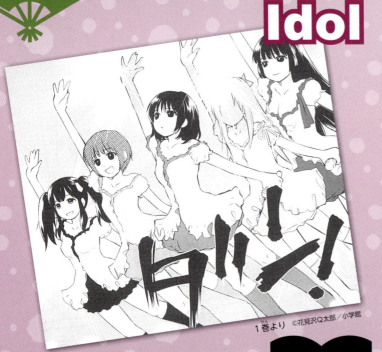

1巻より ©花見沢Q太郎／小学館

ココが名場面

武道館ライブでソロ曲を歌い終えた瑠奈がファンにあいさつをする場面です。夢をかなえられたのは、ファンのおかげだと感謝しています。
夢をかなえたとき、メンバーの卒業やトラブル、厳しい練習など、さまざまなできごとが思い出されたのです。アイドルは、メンバーやファンとのきずなを大切にしています。

2巻より ©花見沢Q太郎／小学館

アイドルなんでもデータ

これ、なんの数字？　**186万部**　アイドル雑誌『明星』の最高発行部数（1988年2月号）。1980年代は多くのアイドルが活やくしました。

ニッポン文化再発見！ アイドルってなに？

あこがれの対象として芸能界で活やく

　アイドルとは、「人気者」や「あこがれの対象者」を意味する言葉で、日本では主にテレビなどのメディアで活やくする若い芸能人をさします。昔は歌を歌う芸能人をさす場合が多かったのですが、最近のアイドルは、歌以外にもバラエティ番組やドラマへの出演など、さまざまな活動を行っています。

　また、一人で活動するアイドルのほかに、複数のメンバーがいるアイドルグループも人気です。アイドルグループは、メンバーの一人ひとりにたくさんのファンがいて、ライブやコンサートには、メンバーのファンが一か所に集まります。その人数を「動員数」といい、人気の目安になっています。

スターからアイドルへ

　1960年代、フランスで女性歌手が「アイドル」とよばれました。その後、若いアーティストをよぶ言葉としてアメリカで定着し、1970年代には、日本でもアイドルという言葉が使われ始めます。

　日本で「アイドル」は、はじめは海外の芸能人をさす言葉でした。けれど、1980年代に多くのアイドルが登場し、ヒット曲が次々と生まれました。若者たちがその髪形やファッションを真似するようになり、アイドルは身近な存在になりました。1990年代の終わりごろ、テレビ番組の企画でアイドルグループが誕生し、現在多くいる集団アイドルの流行につながったといわれています。

必須アイテム

マイク
手持ちのマイクのほか、手に持たないヘッドセット型のマイクもある。

衣装
グループや歌のイメージに合わせてつくられた服。グループでそろえることが多い。

ファン
特定のグループや、個人の活動を応援・支持する人のこと。ライブに行ったり、CDを買ったりする。

ステージ
アイドルが歌ったり、踊ったりする活やくの場。音楽番組のステージやライブ会場など。

スタッフ
スケジュールなどを管理するマネージャー、グループのイメージを決めるプロデューサーなど多くのスタッフの後押しがある。

アイドルへの道

▲アイドルになるには、まず芸能事務所などが開催するオーディションを受ける。オーディションでは、歌やダンスなどを披露し、複数の審査員が合否を決める。

もっと知りたい！アイドル idol

日本のアイドル文化は、独特の発展をとげてきました。そのなかで、アイドルの新しい形態も生まれ、それぞれに人気を集め、今も進化を続けています。

世界に類を見ない日本のアイドル文化

ヨーロッパやアメリカでは、若手の歌手でも、「アイドル」とはよばれず、「アーティスト」とよばれます。

日本のアイドルは、もともと歌やダンスの才能を認められてデビューするというより、デビューが決まってからレッスンを受けて力をつけるケースが増えています。アイドルは「かわいい」「見守りたい」という対象であることが多く、あこがれだけでなく、親しみのもてる存在としても人気を得ています。

日本のファンは、アイドルが成長していく姿を楽しみにしているのです。原石が宝石になるのを心待ちにするように、長い時間をかけて応援し、見守っています。こうした見守り型のファンは、世界にはあまり例がありません。

ペンライト
曲に合わせてペンライトをふり、応援する。

▲ライブ会場で盛り上がるアイドルのファン。手拍子をしたり、とびはねたりしながら、アイドルのパフォーマンスを楽しむ。

アイドルのさまざまな形態

テレビなどのメディアで活やくする全国的な人気アイドルグループをはじめ、活動拠点を限定するなど、さまざまなアイドルのタイプがあります。

劇場アイドル
劇場公演を中心に活動するアイドル。テレビ番組に出演する遠い存在ではなく、より身近な存在として人気。

テレビアイドル
テレビの歌番組やバラエティ番組などで活やくする。テレビで広く知られるため、全国にファンが多い。

バーチャルアイドル
音声合成技術の歌声と、コンピュータグラフィックス（CG）でつくられた架空のアイドル。ヒットチャート入りも果たしている。

東京都秋葉原
アイドルの聖地

東京・秋葉原は、電気街であり、ゲーム好きな人たちの聖地であり、アイドルの聖地ともいわれています。まだメジャーデビューをしていないアイドルが活動拠点とする劇場やライブハウスが多くあります。写真の劇場でも、ほぼ毎日、アイドルなどのライブイベントが行われています。

写真：AKIBAカルチャーズ劇場

世界から見てみよう

　海外のアイドルといえば、韓国の「K-POPアイドル」が有名です。ヨーロッパやアメリカには、日本や韓国のようなアイドル文化は見られません。あこがれの対象や人気者としては、モデルやダンスボーカルグループがいます。

K-POPアイドル(韓国)
グループでの活やくが目立ち、日本のアイドルと活動形態が似ている。海外進出のため、英語の曲を制作したり学んだりしている。

モデル(アメリカ・ヨーロッパ)

スタイルのよさだけではなく、表現力や語学力の高さなど、その知性も女性たちのあこがれとなる。ライフスタイルにも注目が集まる。

ダンスボーカルグループ(アメリカ・ヨーロッパ)

歌やダンスを披露する人たちは「アーティスト」とよばれる。独創性があり、自分たちの感性でパフォーマンスを行う。

フランスで人気の日本のアイドル

　フランス人が注目する日本の文化に、アニメ、ゲーム、コスプレ、そしてアイドルがあります。毎年開催される日本の文化を紹介する博覧会では、アイドルのライブなども行われ大人気。フランスのテレビ局では、日本のアイドルを専門にあつかう番組も放送されています。

アイドルになることを夢に

▲新メンバー瓜子の初ライブ。練習では完璧だったが、本番でミスをしてしまう。(3巻より)　©花見沢Q太郎／小学館

　アイドルは、デビューしてすぐに人気が出るとは限りません。歌やダンスのレッスンにはげみ、ライブで披露することで、少しずつ応援したいと思ってもらえるようになります。アイドルとして人気者になるためには、努力が必要です。

男性アイドルグループ
男性アイドルのなかには、芸能活動をしながら大学を卒業し、学んだことや取った資格を生かした活動をする人もいます。

もっと! アイドルマンガ
『少年ハリウッド-HOLLY TRIP FOR YOU-』
伝説のアイドルユニット「少年ハリウッド」解散から15年。風見颯ら5人は、新生「少年ハリウッド」として活動していくことに。

皇ソラ／画　橋口いくよ／原作　講談社　KCx　全1巻

©橋口いくよ・皇ソラ／講談社

ここがスゴイよ！ニッポンの文化大図鑑 総さくいん
【文化名・五十音順】

総70項目
総100作品

- 1巻　芸をみがく・演じる
- 2巻　競う・きたえる
- 3巻　学ぶ・たしなむ
- 4巻　遊ぶ・楽しむ
- 5巻　食べる・くらす

※メインで紹介している作品は太字にしています。

あ

文化	作品	巻	頁
アイドル	『Cue』	1巻	42
	『少年ハリウッド-HOLLY TRIP FOR YOU-』	1巻	45
アニメ	『アニメタ！』	4巻	22
	『ハックス！』	4巻	25
囲碁	『天地明察』	2巻	40
浮世絵	『百日紅』	4巻	14
	『大江戸国芳よしづくし』	4巻	17
おりがみ	『ヤマありタニおり』	4巻	44
温泉	『テルマエ・ロマエ』	4巻	38

か

文化	作品	巻	頁
雅楽	『王の庭』	1巻	28
歌劇学校	『淡島百景』	1巻	41
華道	『ギャル華道』	3巻	14
歌舞伎	『ぴんとこな』	1巻	06
	『國崎出雲の事情』	1巻	09
空手	『ハンザスカイ』	2巻	18
	『てのひらの熱を』	2巻	21
弓道	『ひらひらひゅ〜ん』	2巻	22
	『花に染む』	2巻	25
競技かるた	『ちはやふる』	2巻	42
	『むすめふさほせ』	2巻	45
狂言	『しなやかに傷ついて』	1巻	14
芸妓・舞妓	『紅匂ふ』	1巻	32
	『GEI-SYA -お座敷で逢えたら-』	1巻	35
源氏物語	『あさきゆめみし』	3巻	24
現代短歌	『ショートソング』	3巻	23
剣道	『しっぷうどとう』	2巻	14
	『武士道シックスティーン』	2巻	17
コスプレ	『コンプレックス・エイジ』	4巻	26
骨董	『雨柳堂夢咄』	5巻	43
箏	『この音とまれ！』	1巻	19

さ

文化	作品	巻	頁
茶道	『ケッコーなお手前です。』	3巻	06
	『へうげもの』	3巻	09
侍・武士	『バガボンド』	2巻	30
参勤交代	『つらつらわらじ』	2巻	33
寺院	『住職系女子』	3巻	42
獅子舞	『ししまいガール』	1巻	36
三味線	『ましろのおと』	1巻	20
	『なずなのねいろ』	1巻	23
柔道	『帯をギュッとね！』	2巻	10
	『JJM 女子柔道部物語』	2巻	13
将棋	『ナイトぼっち』	2巻	36
	『月下の棋士』	2巻	39
少林寺拳法	『オッス！ 少林寺』	2巻	26
書道	『とめはねっ！ 鈴里高校書道部』	3巻	10
	『ばらかもん』	3巻	13
神社	『神主さんの日常』	3巻	36
数寄屋造	『数寄です！』	5巻	35

分類	作品	巻	ページ
寿司	『将太の寿司2 World Stage』	5巻	10
	『江戸前鮨職人きららの仕事』	5巻	13
相撲	『ああ播磨灘』	2巻	06
	『火ノ丸相撲』	2巻	09
銭湯	『のの湯』	4巻	41
川柳	『川柳少女』	3巻	29
僧侶	『坊主DAYS』	3巻	45
そば	『そばもん ニッポン蕎麦行脚』	5巻	18
	『そば屋 幻庵』	5巻	21

た

分類	作品	巻	ページ
宝塚	『すみれの花咲くガールズ』	1巻	38
陶芸	『ハルカの陶』	5巻	40

な

分類	作品	巻	ページ
なぎなた	『あさひなぐ』	2巻	28
日本家屋	『さんかく屋根街アパート』	5巻	36
日本酒	『蔵人』	5巻	26
日本神話	『ヤマトタケル』	3巻	34
日本茶	『茶柱倶楽部』	5巻	22
	『茶の涙 -Larmes de thé-』	5巻	25
日本庭園	『君の庭。』	5巻	38
日本刀	『カナヤゴ』	5巻	44
人形浄瑠璃	『火色の文楽』	1巻	30
忍者	『闇月夜行』	2巻	34
能	『夢幻花伝』	1巻	10
	『能面女子の花子さん』	1巻	13

は

分類	作品	巻	ページ
俳句	『あかぼし俳句帖』	3巻	26
花火	『玉屋一代 花火心中』	4巻	28
	『刹那グラフィティ』	4巻	31
仏師	『恋する仏像』	3巻	40
盆栽	『雨天の盆栽』	4巻	42

ま

分類	作品	巻	ページ
祭り	『ナツメキッ!!』	4巻	32
	『月影ベイベ』	4巻	35
マンガ	『アオイホノオ』	4巻	18
	『バクマン。』	4巻	21
漫才	『The MANZAI COMICS』	4巻	10
	『芸人交換日記』	4巻	13
巫女	『かみさま日和』	3巻	39
宮大工	『かみのすまうところ。』	5巻	32

や

分類	作品	巻	ページ
妖怪	『不機嫌なモノノケ庵』	4巻	36

ら

分類	作品	巻	ページ
ラーメン	『らーめん才遊記』	5巻	14
	『ラーメン食いてぇ！』	5巻	17
落語	『昭和元禄落語心中』	4巻	06
	『兄さんと僕』	4巻	09

わ

分類	作品	巻	ページ
和歌	『超訳百人一首 うた恋い。』	3巻	20
和菓子	『あんどーなつ 江戸和菓子職人物語』	5巻	28
	『わさんぼん』	5巻	31
和楽器	『なでしこドレミソラ』	1巻	24
	『ごにんばやし』	1巻	27
和算	『和算に恋した少女』	3巻	30
	『算法少女』	3巻	33
和食	『蒼太の包丁』	5巻	06
	『じゅんさいもん』	5巻	09
和太鼓	『和太鼓†ガールズ』	1巻	16
和服	『きものがたり』	3巻	16
	『とらわれごっこ』	3巻	19

表紙書影

『ケッコーなお手前です。』みよしふるまち／マッグガーデン
『雨天の盆栽』つるかめ／マッグガーデン
『ちはやふる』末次由紀／講談社
『昭和元禄落語心中』雲田はるこ／講談社
『らーめん才遊記』久部緑郎／河合単／小学館
『ぴんとこな』嶋木あこ／小学館
『あさひなぐ』こざき亜衣／小学館
『バガボンド』I. T. Planning, Inc.

※本書の情報は、2017年12月現在のものです。

スタッフ

イラスト	TICTOC
文	成瀬久美子
装丁・本文デザイン	オフィス アイ・ディ（辛嶋陽子、土本のぞみ）
DTP	スタジオポルト
校正	村井みちよ
編集制作	株式会社童夢
企画担当	日本図書センター／福田恵

写真協力

Fotolia

NDC380
名作マンガ100でわかる!
ここがスゴイよ! ニッポンの文化大図鑑
①芸をみがく・演じる
日本図書センター
2018年　48P　26.0cm×21.0cm

名作マンガ100でわかる!
ここがスゴイよ! ニッポンの文化大図鑑
①巻 芸をみがく・演じる

2018年1月25日　初版第1刷発行

編集／ニッポンの文化大図鑑編集委員会
発行者／高野総太
発行所／株式会社 日本図書センター
　　　　〒112-0012　東京都文京区大塚3-8-2
　　　　電話　営業部03(3947)9387　出版部03(3945)6448
　　　　http://www.nihontosho.co.jp
印刷・製本／図書印刷 株式会社

2018 Printed in Japan
乱丁・落丁本はお取り替えいたします。

ISBN978-4-284-20409-5（第1巻）